DISCOURS

PRONONCÉ LE 23 NOVEMBRE 1875

par M. BARUÉ-PERRAULT

Maire de Versailles

Sur la tombe de son prédécesseur

M. Jean RAMIN

Administrateur de l'Hôpital civil et du Mont-de-Piété
Ancien Maire de Versailles
Ancien Président du Tribunal de Commerce
Chevalier de la Légion-d'Honneur

Décédé à l'âge de 73 ans

MOULINS
IMPRIMERIE CRÉPIN-LEBLOND, RUE BRÉCHIMBAULT

1876

DISCOURS

PRONONCÉ LE 23 NOVEMBRE 1875

par M. BARUÉ-PERRAULT

Maire de Versailles

Sur la tombe de son prédécesseur

M. Jean RAMIN

Administrateur de l'Hôpital civil et du Mont-de-Piété
Ancien Maire de Versailles
Ancien Président du Tribunal de Commerce
Chevalier de la Légion-d'Honneur

Décédé à l'âge de 73 ans

MOULINS

IMPRIMERIE CRÉPIN-LEBLOND, RUE BRÉCHIMBAULT

1876

Messieurs,

L'assistance nombreuse et recueillie qui se presse autour de cette tombe, témoigne que celui de nos concitoyens que nous venons conduire à sa dernière demeure, est un de ces hommes dont la perte est sentie par la cité tout entière, et auquel chacun se fait un pieux devoir de donner une dernière marque d'estime et de considération.

Permettez-moi, Messieurs, au nom de la ville de Versailles, au nom du Tribunal de Commerce, au nom de nos établissements de bienfaisance, de dire un dernier adieu, de rendre un dernier et suprême hommage, à l'ancien maire de Versailles, à l'ancien Président du Tribunal de Commerce, à l'homme de bien que nous pleurons aujourd'hui.

Pendant quarante années, notre bien cher et bien regretté collègue, M. Ramin, a consacré tout son zèle, toute son intelligence, tout son dévouement aux nombreuses fonctions publiques dont la confiance de ses concitoyens l'avait successivement investi.

Dès 1835, à peine âgé de trente-trois ans, il était appelé à siéger au Tribunal de Commerce, avec la qualité de juge suppléant.

Sa probité commerciale, sa droiture, l'expérience que, malgré sa jeunesse, il avait déjà des affaires, ne tardèrent pas à augmenter l'estime qu'il avait si légitimement inspirée; il devint successivement juge titulaire, puis président.

Il est peu d'exemples, Messieurs, dans la magistrature consulaire, d'une carrière aussi longue, aussi bien remplie que celle de M. Ramin.

Cinq fois, il fut appelé à la présidence; pendant près de quinze années, il fut comme le gardien de la fortune et de la considération des commerçants de notre arrondissement.

Il avait toutes les qualités du magistrat, l'amour du juste, la connaissance des affaires, la mesure, la sûreté de jugement. Il vivait sans ostentation, sans bruit, menant une existence retirée, ayant ces mœurs simples, presque austères, qui inspirent confiance aux justiciables, parce qu'elles sont un indice certain d'impartialité.

Certes, ces fonctions consulaires ont été le plus grand honneur de la vie de M. Ramin. C'est en elles qu'il a trouvé la plus légitime satisfaction: la satisfaction du devoir accompli; mais hâtons-nous d'ajouter que notre vénéré Président a fait rejaillir sur le tribunal tout entier les distinctions dont il a été si souvent l'objet.

Aussi, ses collègues, justement fiers de leur

chef, demandèrent et obtinrent pour lui une haute récompense, à laquelle sa modestie l'eût empêché de songer.

M. Ramin reçut la croix de la Légion-d'Honneur, heureux, disait-il, moins pour lui que pour la justice consulaire, parce que cette distinction accordée au président devenait un encouragement pour tous ses collègues.

Les qualités qui distinguaient M. Ramin au Tribunal de Commerce le désignèrent bientôt comme digne d'entrer dans les Conseils de la ville.

A peine était-il nommé au Conseil municipal, qu'un appel fut fait à son patriotisme et à son dévouement. C'était en 1848, après les funestes journées de juin ; il fallait à la tête de l'administration un homme inspirant confiance à la population, fermement résolu à faire respecter l'ordre, mais sachant en même temps que la fermeté véritable peut se concilier avec la modération.

Le 28 août 1848, M. Ramin accepta les fonctions de maire de Versailles et les conserva seulement jusqu'au mois de mai 1849.

Son passage à l'administration avait été court, mais il y avait rendu des services importants ; aussi, le Conseil municipal, après les avoir constatés, prenait à l'unanimité une délibération spéciale dont il votait l'impression pour témoigner à son ancien maire les sentiments de sa profonde gratitude.

M. Ramin, Messieurs, conserva sa qualité de Conseiller municipal, et à chaque élection, son nom sortit toujours l'un des premiers de l'urne électorale.

Pendant la terrible guerre de 1870-71, pénétré des devoirs que lui imposaient ses fonctions, il resta en permanence à la mairie, cherchant, comme tous ses collègues, à atténuer pour nos malheureux concitoyens les rigueurs de l'invasion, s'efforçant aussi comme eux de sauvegarder la dignité de la ville.

Puis quand il s'agit, après la guerre, de réparer les maux soufferts et de liquider les lourdes charges imposées à la ville par les exigences de l'ennemi, il ne manqua à aucune de ces laborieuses séances du Conseil municipal qui, chaque semaine, se prolongeaient fort avant dans la nuit.

C'étaient là, Messieurs, des travaux bien pénibles pour notre regretté collègue, et la consciencieuse exactitude dont il ne cessa de faire preuve dans l'accomplissement de son mandat, lui causaient une fatigue qui n'était plus en rapport ni avec son âge ni avec son état de santé. Mais M. Ramin était de ceux qui ont à cœur de s'acquitter fidèlement et scrupuleusement de la mission qu'ils ont acceptée, qui voient dans une fonction publique non pas l'honneur dont elle est entourée, mais les services qu'elle permet de rendre.

Aux dernières élections, M. Ramin qui

avait conservé toute l'estime de ses concitoyens, et qui eût certainement encore recueilli leurs suffrages, demanda qu'on ne lui confiât plus une tâche dont il ne pouvait plus remplir tous les devoirs.

Désireux toutefois de consacrer ce qui lui restait de forces au bien public, il conserva les fonctions se rattachant aux œuvres charitables.

Jusqu'à la fin, il est resté membre de la commission de surveillance des prisons, du conseil d'administration de la maison de Providence et de la commission administrative de l'hôpital civil.

Jusqu'à la fin il chercha, par ses sages conseils, à ramener au bien et à réconcilier ceux que la société avait dû punir.

Jusqu'à la fin il tendit une main secourable à toutes les infortunes : aux pauvres, aux vieillards, aux enfants abandonnés, aux malades.

Il y a quelques jours à peine, nous le voyions encore au milieu des pauvres de la maison de Providence, et prenant part, avec son zèle et sa rectitude de jugement habituelle, aux délibérations de la commission administrative de l'hospice.

Tout à coup la mort est venue, rapide, inattendue, sans se faire sentir, elle a été douce, calme, comme avait été la vie de cet homme de bien ; il semble que Dieu a voulu rappeler à lui, sans le laisser souffrir, celui qui avait été si bon, si compatissant pour ceux qui souffrent, celui qui, après avoir mérité les plus hautes fonctions, avait voulu terminer sa carrière en s'occupant exclusivement des affligés.

Puisse l'honorable famille de notre vénéré collègue trouver une consolation dans cette pensée !

Certes nous comprenons sa douleur et nous nous y associons du fond du cœur.

Quand des enfants ont eu le bonheur de conserver leur père auprès d'eux, quand ils ont entouré sa vieillesse de tous leurs soins, de toute leur affection, de leur dévouement de chaque jour, la séparation se fait sentir d'une façon plus cruelle encore, la place si dignement occupée au foyer de la famille paraît bien vide.

Mais restons avec cette consolante pensée que l'homme de bien ne meurt pas tout entier.

Ses bonnes actions, les services qu'il a rendus conservent sa mémoire sur cette terre, et nous donnent l'espérance de le retrouver dans un monde meilleur.

Adieu ! regretté M. Ramin, adieu !

www.ingramcontent.com/pod-product-compliance
Lightning Source LLC
Chambersburg PA
CBHW061620040426
42450CB00010B/2582